존중씨담긴이야기

추천의 글

캘리그래피(Calligraphy)란 '손으로 쓴 그림글자'라는 뜻이지만, 정보 전달 수단이라는 원래의 뜻을 떠나 아나로그적인 유연성과 선, 면, 여백, 균형, 대비 등 디자인이 여러 요소를 담고 있는 예술 분야이다.

그래서 디지털로 대표되는 컴퓨터 정보 기술시대에 살고 있는 우리들은 사람의 내면을 담아내는 이 휴먼 터치의 아나로그 글씨에 환호하는지 모른다. 사실 우리는 컴퓨터 서체에 능하고 시대의 환경이 그러하듯 그 규격화되고 표준화된 디지털 글자에 익숙하며 그렇게 무표정한 정보를 주고 받으며 이 시대를 살아가고 있다.

생각해보면, 서양의 글씨들은 펜을 중심으로 글씨를 써 온 반면 우리나라를 비롯한 동양의 글씨들은 붓을 이용한 부드러운 형태였다. 그러기에 우리는 이런 좋은 DNA를 가지고 태어났다면 과장일까? 그 유명한 스티브 잡스가 말했듯이 애플의 DNA는 디자인이 아닌 '인문학'이며 '감성'이라고 했다.

그가 말하는 포인트는 무엇인가?

정치·경제·사회·역사·예술 등 인간과 인류문화에 관한 정신과학을 통틀어서 사람의 마음을 움직이는 감성의 중요성을 말하고 있다. 그래서 우리는 그의 죽음을 아쉬워하며 그간 보여준 디자인을 기억하고 그가 준 감동을 잊지 못한다.

캘리그래퍼 임정수는 미술을 전공하지 않았다. 그가 가진 탤런트는 열 가지도 넘는다.

젊었을 때 교단에 섰던 선생이었으며 대기업의 임원, 건설회사 대표이사를 역임 했으며 지금은 능력 있는 캘리그래퍼로 많은 사람들의 사랑을 받고 있는 작가다. 또한 일반 합창단 지휘자며, 광고, 그림, 사진, 건축, 인테리어, 조경 등 모든 면에서 아마추어의 범주를 넘어섰다. 아마도 그런 여러 방면을 섭렵한 결과가 사람의 마음을 녹여내는 작품의 토대가 된 것 같다.

이제 산업시대를 거쳐 기술의 시대는 갔다. 피곤한 복제와 일치와 준비된 데이터에 둘러 쌓여 일상을 사는 우리에게 그의 작품은 황량한 벌판의 오아시스와 같다. 그의 작품은 마른 우리의 마음을 풀어주는 시원함이 담겨 있다. 그래서 우리는 그와 함께 시원한 오아시스에 오래 머물며 쉼을 얻고 싶다.

2013년 12월

한 백 진

단국대학교 시각디자인과 교수
사단법인 한국브랜드디자인학회 회장
대한민국디자인전람회 초대디자이너

머리말

요즘은 모든 일을 심지어 연애편지나 일기까지도-컴퓨터로 처리하는 시대라 손으로 글씨 쓸 일이 거의 없습니다. 그래도 멋있는 글씨는 넘쳐납니다. 컴퓨터가 기계적으로 찍어낸 글씨들 말입니다.

선조들의 서예 작품이 시대를 넘어 사랑받는 것은 글씨의 멋 때문이기도 하지만 작가의 삶에서 우러나온, 말 그대로 '글의 씨'인 한마디 가슴 뭉클한 글귀 때문이기도 합니다. 따스한 공감과 힘을 주는 '글의 씨'가 담긴 글씨라야 사랑 받는 글씨라 할 수 있을 겁니다.

생활 주변에서 자주 접한 고귀한 글귀, 평상시 마음에 담고 있었던 이야기를 손글씨에 담아봤습니다. 6, 7년 전부터 블러그(손글씨담긴이야기)를 만들어 올렸는데 의외로 많은 분들이 찾아와 격려와 질책을 해주셨습니다. 그 분들의 격려를 힘 삼아, 질책 받았던 부분을 조금 손봐 책으로 묶어내게 되었습니다. 서법이랄 것도 없는 부족한 글씨지만, 부담 없이 읽고 느끼셨으면 합니다. 또한, 책에 담긴 글귀들은 평소 마음 속에 담아두었던 것을 쓴 것들이라 출처가 된 원전과는 조금 다르거나 오기, 누락된 것도 있을 것입니다. 잘못된 것은 지적 주시는 대로 수정해 나갈 생각입니다.

제가 쓴 짧은 글들은 평범한 일상 속에서의 느낌을 보탬과 꾸밈없이 옮긴 것인 만큼 생각이 짧거나 다르더라도 혜량해 주시기 바랍니다. 추천의 글을 써주시고 편집을 지도해 주신 한백진 교수님께 특별한 감사의 마음을 전합니다. 책을 만들면서 딸들과 평상시보다 더 많은 이야기를 나누며 서로의 마음을 깊이 이해하게 된 것은 저에게 또 다른 작은 행복이었습니다.

말에도 온도가 있듯 손글씨에도 온도가 있습니다.
따듯한 글씨로 많은 사람이 함께 공감하고 힘이 되며 위로를 받게 되고, 차가운 글씨로 스스로를 반성하며 각오를 다짐하게도 됩니다. 이 책을 읽으시는 분들이 지치고 힘든 생활 속에서 작으나마 쉼과 힘 그리고, 새로운 다짐을 하는 비타민이 되길 바래봅니다.

감사합니다.

- 벚 꽃 012 | 013
- 덕 014
- 당신 015
- 쉼쉬는 그 날까지 016
- 삶 017
- 봄 꽃 018 | 019
- 용서 020
- 웃음 021
- 이해 022
- 편견 023
- 만족 024
- 맥 025
- 밥 값 026
- 사랑 027
- 행동 028
- 미소 029
- 난초 030 | 031

- 후회 032
- 한 순간만이라도 033
- 아름다움 034 | 035
- 오늘 036
- 삶의 비타민 037
- 기회 038
- 기억하라 039
- 여보게 힘좀 내지 040 | 041
- 믿음 042
- 행복 043
- 그리살자 044
- 기쁨 045
- 효도 046 | 047
- 고정관념 048
- 각오 049

연인을 가장 흥분되게 하는 꽃이
벚꽃이라고 한다.
어느 글에서 보니
연인들은 하늘에서 내리는 것을 좋아한다고 한다.
눈이 내리고, 비도 내리고
그리고 축복도 하늘에서 내리고

이른 봄,
벚나무들은
둥치 속에도 줄기 속에도 연분홍빛을 모아뒀다가
한순간 일제히 꽃을 피운다.

내리는 축복에만 흥분하는 우리들 보다
온 몸으로 피워 나눠 주려는 벚나무의 교훈을
생각해 보았다.

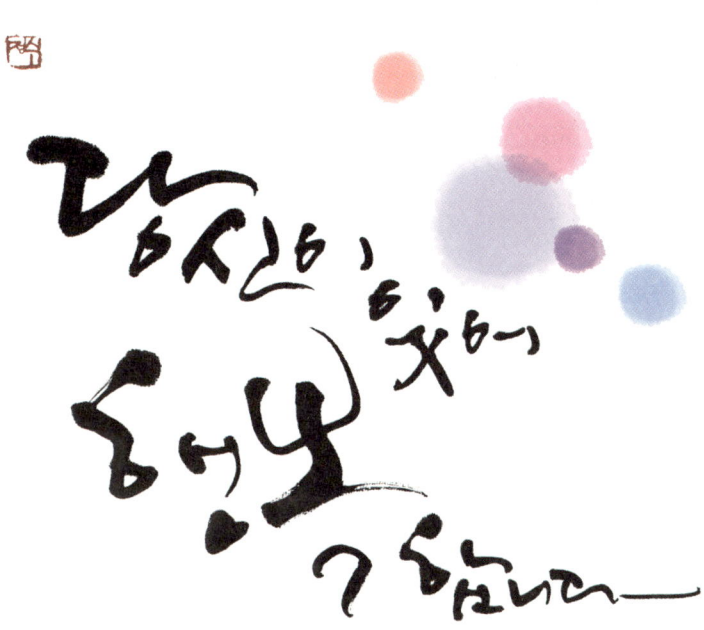

희망을
꿈꾼다
숨쉬는
그날까지

영원히 살것처럼 꿈꾸고
내일 죽을것처럼 살라
- 제임스딘 -

살라

손글씨담긴이야기 | 봄·삶

봄꽃은
겨울을 담아
더 아름답다

해마다 봄이면
이름도 없는
작은 들꽃들이
가장 먼저
봄을 맞이합니다.

화려한 꽃들에 가려
사랑받지 못할까
가슴
조리면서

용서는 남에게
하는것이아니라
내자신에게
하는것이다

용기

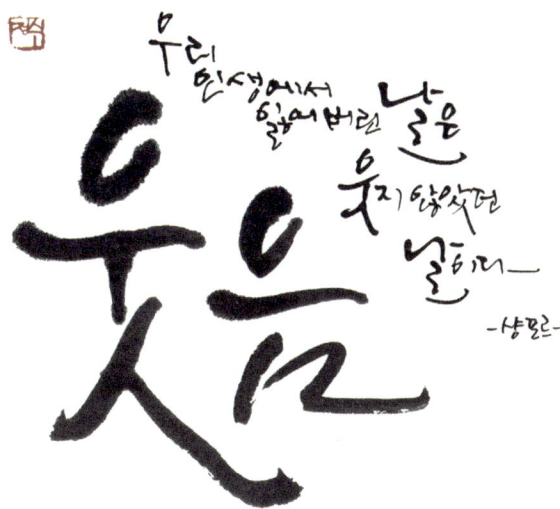

우리 인생에서
잃어버린 날은
웃음
웃지 않았던 날이다
-샹포르-

진정
이해하려는
마음을
먹는다면
의심도
사라진다

이해

편견

가장
무서운
개는
편견이다

비로소 나는
사랑 앞에
말 축이 벗다

출세에 눈이 멀어 인맥만 찾지 말고
일확천금을 위해 금맥만 찾지 말고
소외된 이웃을 정맥으로 잇고 살자

오늘도 밥값을
해겠습니까?

밥값

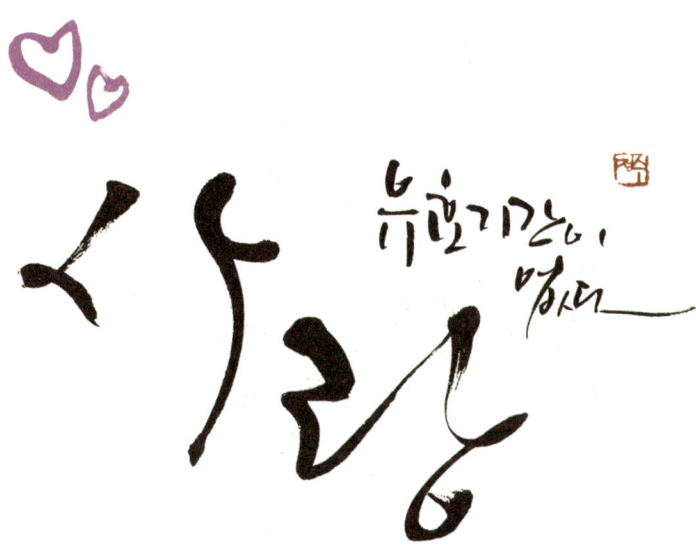

사랑 유효기간이 없다

— 권보현 '유효기간이 없는 사랑'

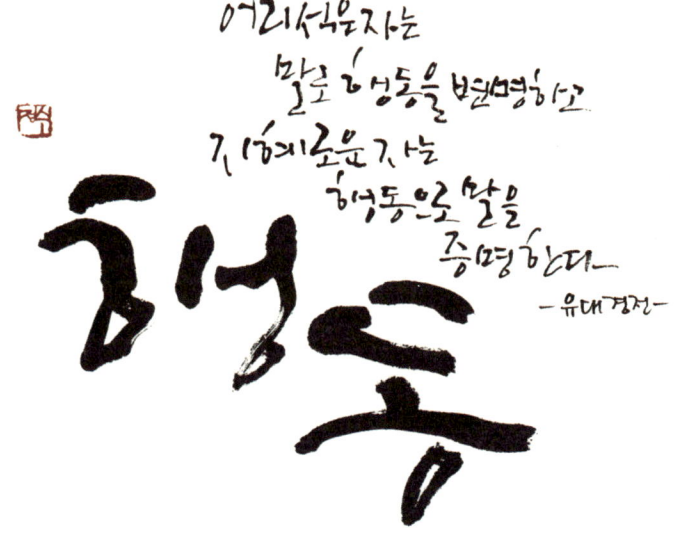

미소

남에게 주지 않으면
아무 쓸모가 없다

난의 지지대는
꽃대를 보호하
기 위함도 잇지만
지지대의 곧음을 지지대를 따라
곧게 자라라는
뜻도 있다

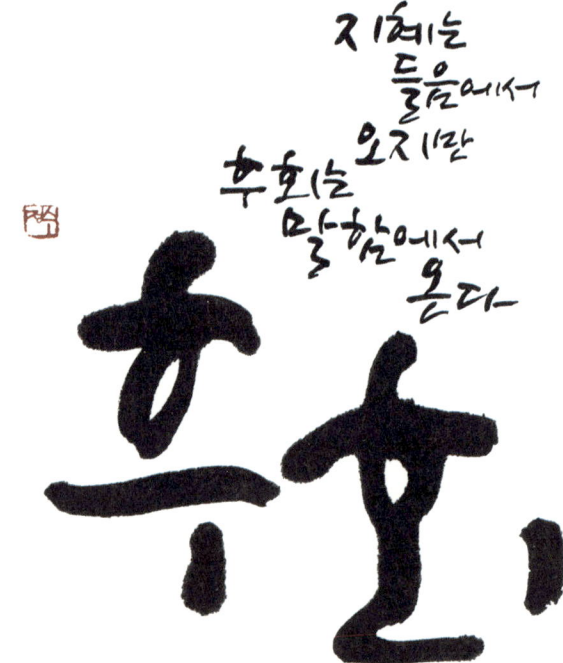

단 한순간만이라도

한순간만이라도
당신과 내가
바뀌었으면 좋겠어요
그래야
당신도 알게 될테니까요
내가
당신을
얼마나
사랑하는지

- D. 포페 -

꽃은 필때가
아름다워야 하지만
사람은 질때가
아름다워야 한다

누구나 오늘이 가장 젊다
오늘

삶의 비타민

나는
메일을 읽을 때
꼭 하나씩은
열지 않고 남겨 놓는다.

다음에 메일을 열 때
새 메일에 대한 신선한 기대를
느끼고 싶어서다.

기대란 '삶의 비타민'이다.

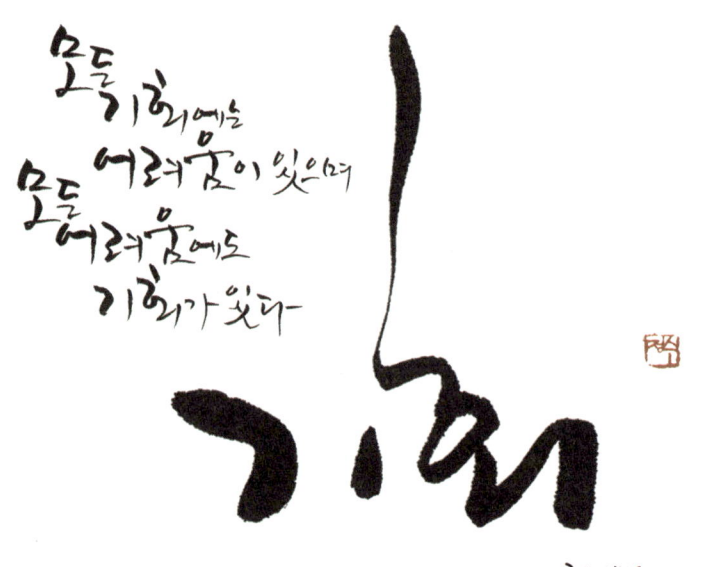

결심은 쉽고
포기하고
싶은
순간이 있더라도
자신의
어제를
기억하라

여보게
힘좀내지

계절의 봄은
왔다지만
'사는게 사는게 아니다'라고들 하니
우리의 봄은
언제나 올꼬...
여보게 힘좀내지

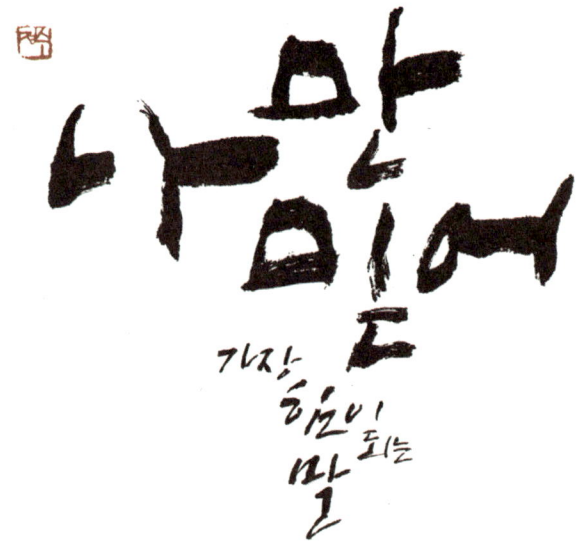

행복

함께 누울
공간만
있다면

그리살자

세월이 늘어날수록
욕심도 줄이고,
말수도 줄이고
체중도 줄이고,
생각도 줄이고
살림도 줄이고,
걱정도 줄이고
그리고
자녀에게 바라는것도 줄이면서
그리살자—

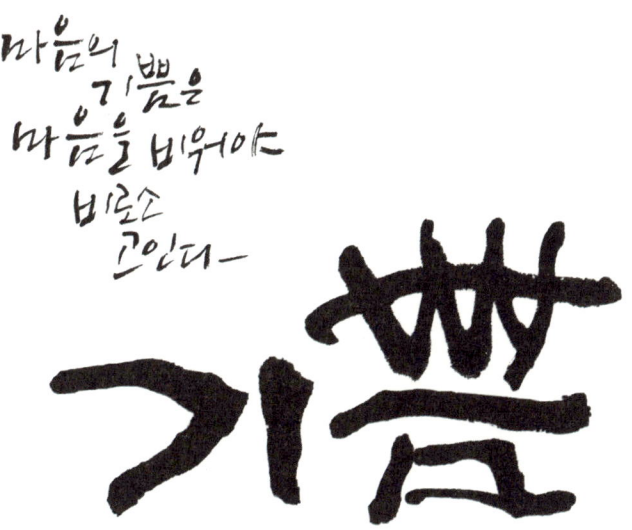

자녀는
단것만
먹어서
쯤마을
오르고

부모는 쓴것만
먹어서
단맛을
오른다

고정관념을 깨자—

청년마음이 꼭 중년으로 이십니다

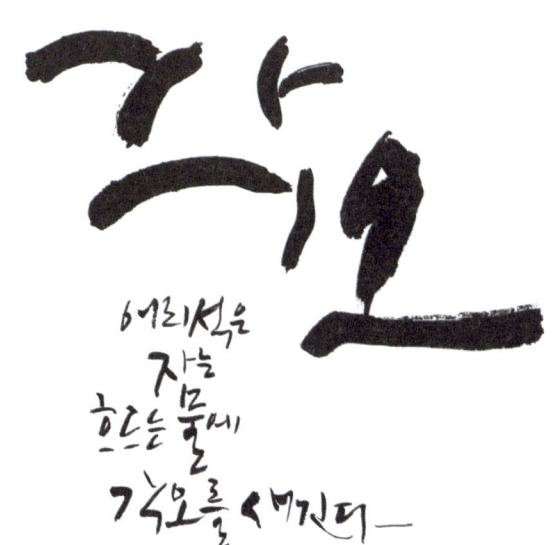

각오

어리석은 자는
흐르는 물에
각오를 새긴다 —

- **그리움이 희망이다** 052 | 053
- **긍정** 054
- **실마리** 055
- **뽑기** 056
- **산** 057
- **오늘** 058
- **이치** 059
- **햇빛** 060 | 061
- **클로버** 062
- **해피** 063
- **배려** 064
- **걱정** 065
- **개미** 066 | 067
- **나에게는** 068
- **네비게이션** 069
- **부부** 070
- **마음** 071

- **수제비** 072
- **인생** 073
- **바람** 074 | 075
- **정직** 076
- **즐겨라** 077
- **장점** 078
- **여자와 남자** 079
- **열정** 080
- **꿈 그리고 열정** 081
- **앙숙** 082 | 083
- **느림** 084
- **백이면 백 모두 잘랐단다** 085
- **독도** 086
- **청춘** 087
- **가치** 088
- **화** 089

솔솔씨 희망으로 날다

여름

그리움은 희망이다

하늘에서는
고향의 땅이
그립고
땅에서는
고향의 하늘이
그립다

손글씨 담긴 이야기 ― 여름 · 그리움이 희망이다

053

성공의 비법은 긍정이다

실마리

도저히
해결 못할 것만 같은
어려운 문제도
정작
해법의 실마리는
바로 그 속에 있다

사랑은 뽑기와 같다~
침을 발라개며
조심스럽게 다루어야만 한다~
빨리 완성하려고 욕심을 부리면
꼭
실패하게 된다~

뽑기

솔
못생긴 나무가
지킨다
-골든벨-

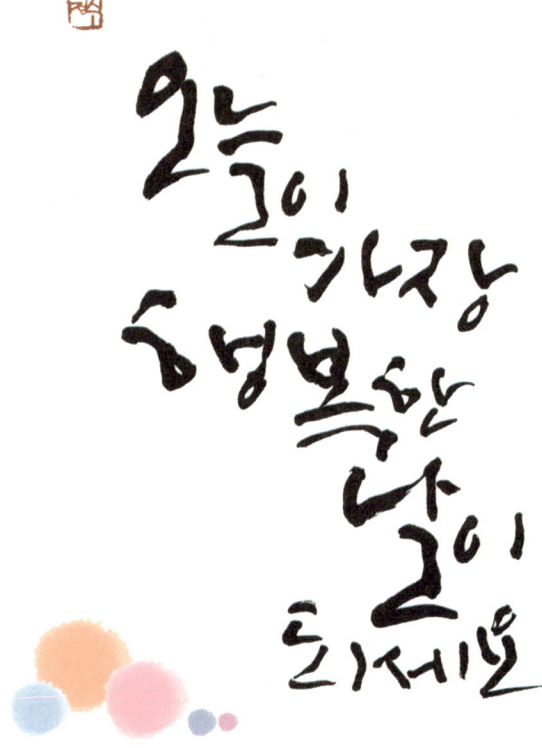

아무리 비가 많이 와도
잘못 놓은 그릇에는
물을 채울수가 없지—

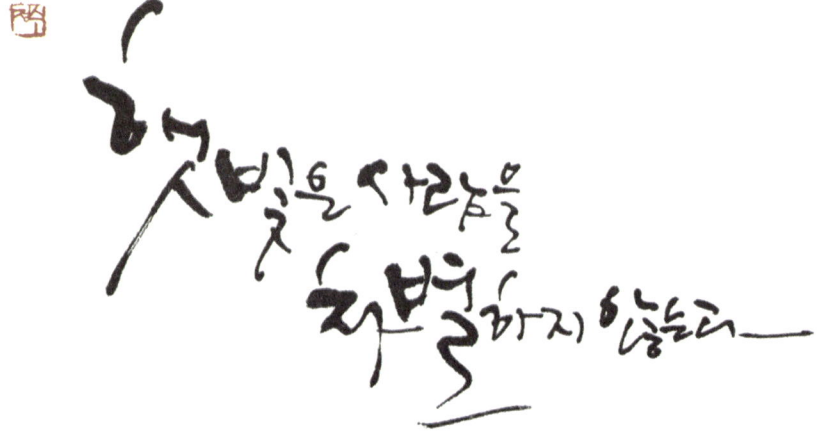

네잎 클로버의 꽃말은
행운이지만
세잎 클로버의 꽃말은
행복이다―

세탁소에 불이 났다.
기름 투성이인 가게라
순식간에 모두 타 버렸다.
그나마 식구들이 빠져 나온 것에
감사 했지만,
3년을 같이 살아온 '해피'
개가 보이지 않았다.
모락모락 피어오른 숯덩이 속에
새까맣게 타 버린 '해피'를 본 순간
동네 사람들 눈에는 눈물이 핑돌았다.

그의 품속에
6마리의 새끼를 꼭 품은 채

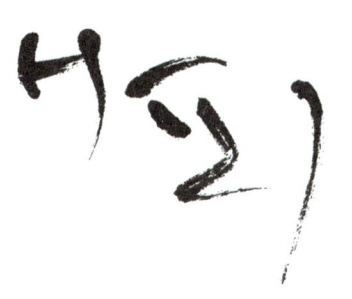

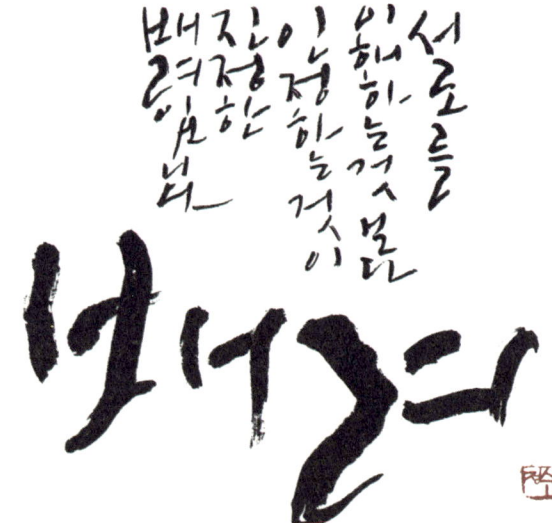

서로를
이해하는 것보다
더 중요한 것이
잘 정돈된
배려입니다

배려

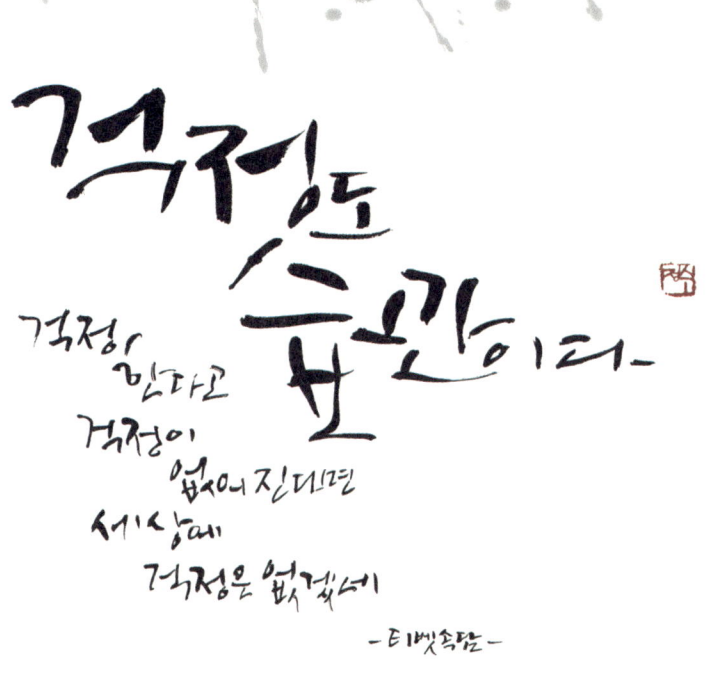

걱정도 습관이라~

걱정
한다고
걱정이
없어진다면
세상에
걱정은 없겠네

- 티벳속담 -

개미는
　　부지런하지만
　　게으른 개미도 있다-
그런데
부지런한 개미만
　　선별하여
한 집에 모아 놓아도
　　신기하게
그 속에서 게으른 개미가
　　　생겨난다-

당신이 가장 소중합니다

우리가 모르는 길을
끔찍없이
시키는대로 운전하면서도
조금안다 싶으면
일부러 엉뚱한 길로 운전해
잘 알려준다
꼭
시험하는 분다—

네비게이션

마음을 바꾸면
삶이 달라진다

- 마음 밖으로 걸어가라 중에서 -

오늘처럼
비가 촉촉이 내리면
생각 나는 게 있다.
식구들이 다들 좋아 한다며
하루가 멀다고 엄마가 끓여 주셨던
그 옛날 수제비
먹을 것이 부족해서 그런 줄 뻔히 알면서도
우리는
정말 맛있게 먹었다.

수제비는
웬일인지 못 생길수록 맛있고,
찌그러진 냄비에 먹어야
맛있고,
날이 구질구질할수록
맛있고,
대충 버무린 겉절이와 먹어야
맛있고,
군내 나는 김치를 넣고 팍팍 끓여야
맛있고,
허겁지겁 먹다 입천장이 데여야
더 맛있다.

그리고,
남의 입에 들어간 걸
빼앗아 먹으면
그 맛이 끝내 준다.

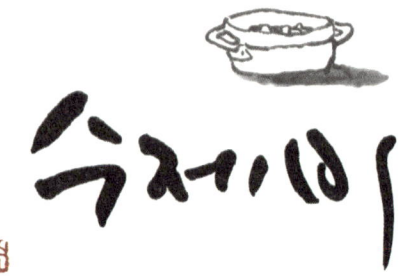

수제비

인생도
내려가는
것이
더
어려운
법

우리는
세월의
바람을
듣지말고
가슴으로
안으며
살자

정직은
장식이
필요없다

-메리브라운-

즐겨라

슬기로운 노력을 이기지 못하고
노력은 즐김을 이기지 못한다

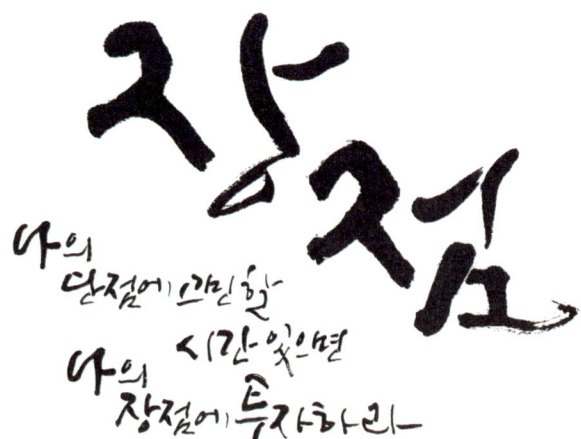

여자와 남자

여자는
말 속에
마음을 남기고
남자는
마음 속에
말을 남긴다

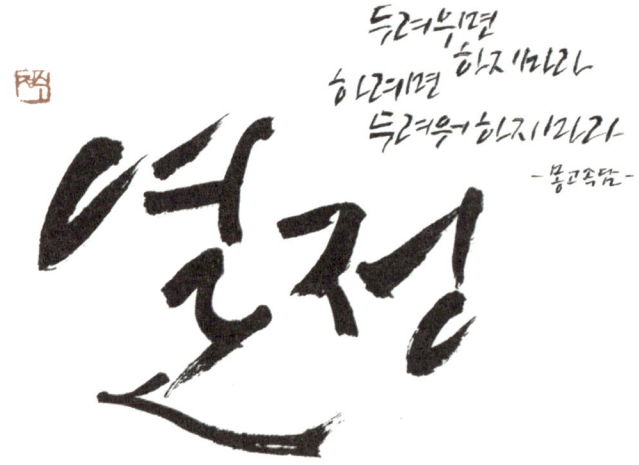

두려우면 하지 마라
하려면 두려워하지 마라
-몽고속담-

열정

누구든지 꿈은
높이만큼 오르고
열정의 크기만큼
얻는다

개와 고양이

아래층을 세놓았는데
신혼부부가
커다란 고양이 두마리를 데리고 이사를 왔다.
그러다 보니
1년이 안된 우리집 말티즈와 죽기 살기로 싸운다.
말티즈는 자기가 집주인인 것을 과시하기라도 하듯.
덩치가 곱이나 큰 고양이에게
사정없이 달려든다.
고양이들도 자신이 세사는 것을 아는지
꼬리를 내리고 도망가곤 한다.

내가 의지 할 수 있는 누군가가 있는 것은
아주 큰 힘인것 같다.

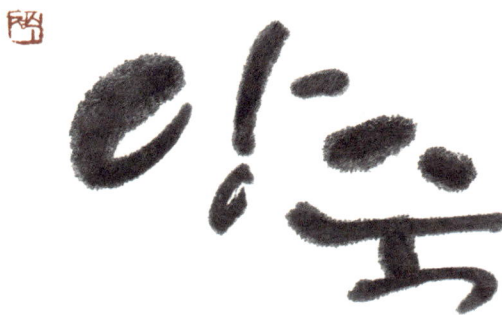

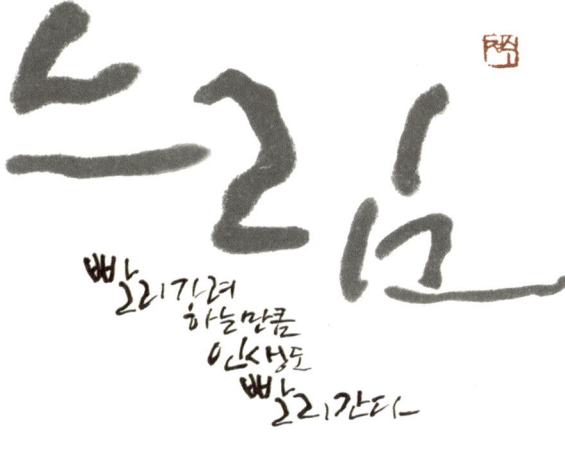

그놈이 그놈인데

인생의
종점에선
똑같은 옷입고
다들 만날터인데

손글씨 담긴 이야기 ― 여름 · 백이면 백 모두 잘났단다

우리땅 독도

우리들
마음속엔
한반도만큼
크다

금의 가치는
순도의 높음에
있고
사람의 가치는
열정의 깊이에
있다

가치

내가 갈 수 못했다면
화낼 자격이 없고
내가 잘못한 일이 없다면
화낼 이유 없다
— 티벳속담 —

- 감동 092
- 가을편지 093
- 국화빵 094 | 095
- 친구 096
- 커피 097
- 짜장면 098
- 청혼 099
- 마음 100 | 101
- 기회 102
- 꿈 103
- 보내며 104
- 무소유 105
- 굴비 106 | 107
- 인생살이 108
- 덤 109
- 인생 110
- 대화법 111

- 삶 112 | 113
- 사람 114
- 포기 115
- 오래오래 116
- 용서 117
- 느낌 118 | 119
- 마음의 깊이 120
- 동행 121
- 엄마와 고등어 122 | 123
- 편견 124
- 성숙 125
- 정성 126
- 작은 배려 127
- 당근이야 128 | 129

가을
손글씨 감동으로 물들다

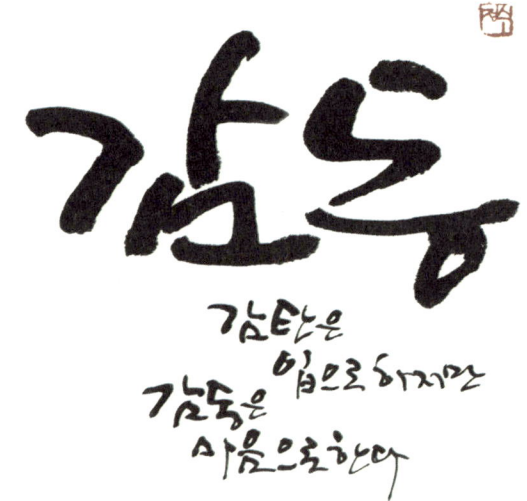

감동

감탄은 입으로 하지만
감동은 마음으로 한다

가을에 받는 편지엔
말린 낙엽이 하나쯤은 들어있었으면 좋겠다
그 말린 낙엽의 향기 뒤로
사랑하는 이의 체취가 함께 배달되었으면 좋겠다
한줌을 써도 그리움이요
편지 열장을 빽곡히 채워도 그리움이라 해
아예 백지로 보내오는 편지면도 좋겠다
다른 산골엔 백지 한장이지만
내 눈에는 그리움이 흘러 넘치는 마법같은 편지
그 편지 위로 보내온 이의 얼굴을 떠올리다가
주체할수 없는 그리움에 눈물이 쏟게 되어도
가을엔 그리운 사람으로 부터
편지 한통 날아 들면 정말 행복하겠다

— 유미성 가을편지 —

오늘처럼
국화 향 짙게 날리는 날이면
국민학교 때 짝꿍이
생각난다.

그 애의 엄마는
학교 앞에서 국화빵 장사를 했다.
수업이 끝나면
우리는 그 애의 가방을 들어다주곤 했고
그때마다 우리는
그 애 엄마에게 국화빵 하나씩을 얻어 먹을 수 있었다.

어느 날, 학교에 가니
그 애의 책상에
국화꽃 한 송이가 놓여 있었다.

갓 구워 뜨거운 국화빵을 한 입에 삼키려다 그만
우리 곁을 영원히
떠난 것이다.

국화향 짙게 날리는 하늘을 보며
우리는 하염없이
눈물을 흘렸다.

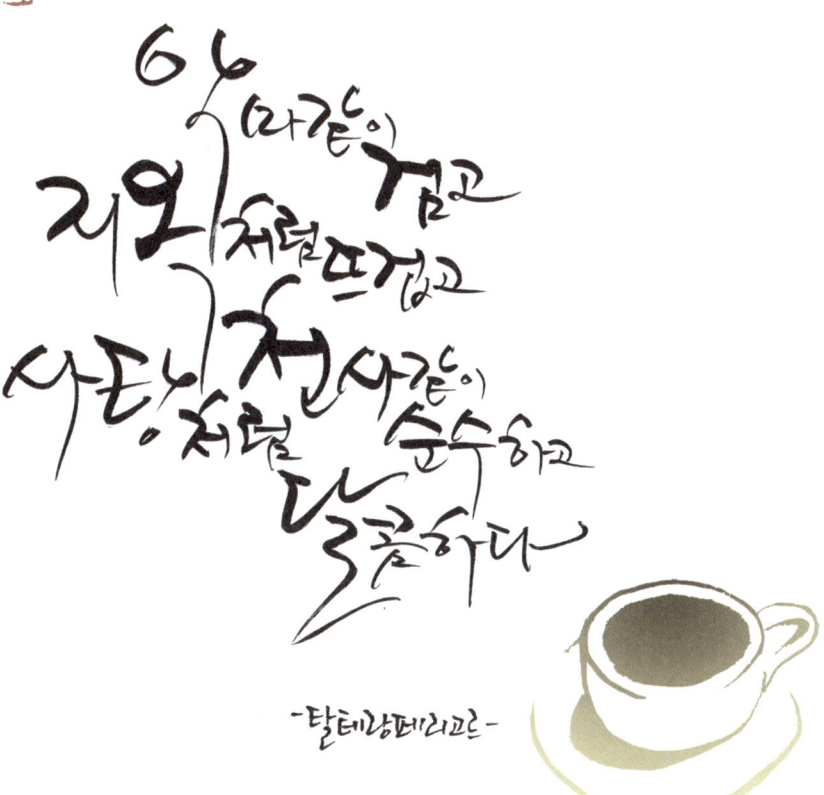

6%
(마음이) 깊고
지옥처럼 뜨겁고
사랑처럼 순수하고
천사같이 순수하고
달콤하다

- 탈레랑페리고르 -

짜장면

내가 국민학교 시절
짜장면을 먹을 수 있는 날은 오직
졸업식날이었다.

성적이 별루였던 내게
엄마는 국어 산수 백점 맞으면
짜장면을 사주겠다고 했다.
그러나,
항상 덤벙거려 꼭 한두 개씩은 틀리기 일쑤였다.
한번은 짜장면이 너무 먹고 싶어 산수 문제 틀린 걸 슬쩍 고쳐
고대하던 짜장면을 먹을 수 있었다.

그런데,
다음날 가정 방문한 선생님 때문에 들통나
엉덩이가 너덜거릴 때까지 몽둥이 찜질을 받았지만,

지금도 생각난다.
버스종점 짜장면 집..
먹고 싶다
그 눈물의 짜장면.

안에 있을 땐
밖이 궁금하고
밖에 있을 땐
안이 궁금하다

기회

계절처럼 다시 온다

꿈

꿈은
꿈꾸는자만
이룰수있다

떠나서라도 아쉬움 없게
보내서라도 섭섭함 없게

소유

서랍을 정리하는
　　가장 좋은 방법은
서랍을 통채로 휴지통에 버리고

정말 필요한 것만 다시
　　　　옮기는 것이랍니다

우리도
　　욕심 질투 탐욕
　　모두 내려놓고
삶에 없으면 도저히 살 수 없는것만
　마음에 담고
　　　그렇게 삽시다

어린시절
엄마는
굴비를
싫어하셨다
김치만
좋아하고…
부모가 돼서야
이제 그 이유를
알것같다─

인생살이

한 다리
안 젖으려
세 다리 젖는 줄 모르는
수캐의
어리석음이
우리네
인생살이와
같다

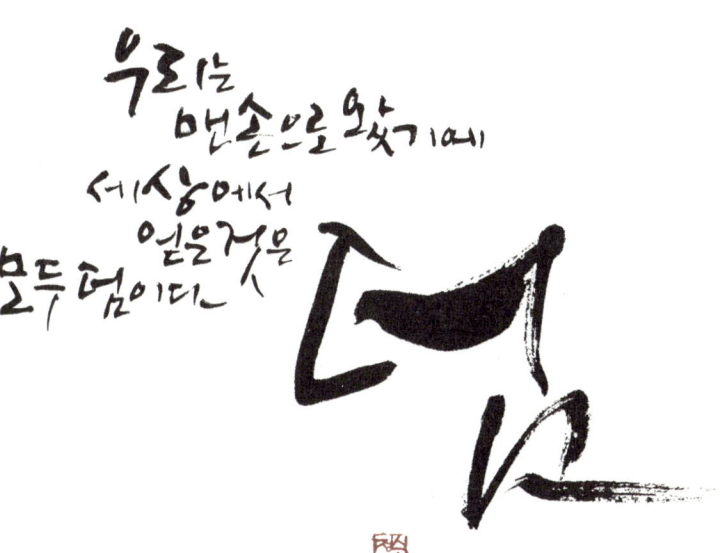

우리는
맨손으로 왔기에
세상에서
얻은 것은
모두 덤이다 덤

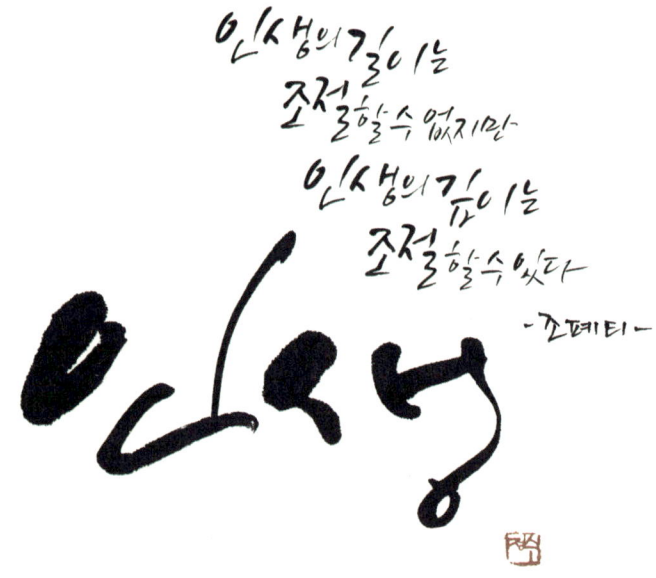

인생의길이는
조절할수없지만
인생의깊이는
조절할수있다
-조페티-

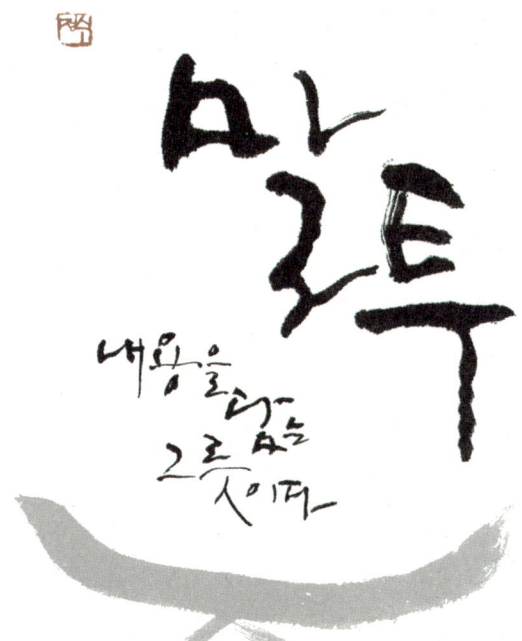

말투
내용을 담는
그릇 있는
시 (?)

— 이정숙 '유쾌한 대화법' —

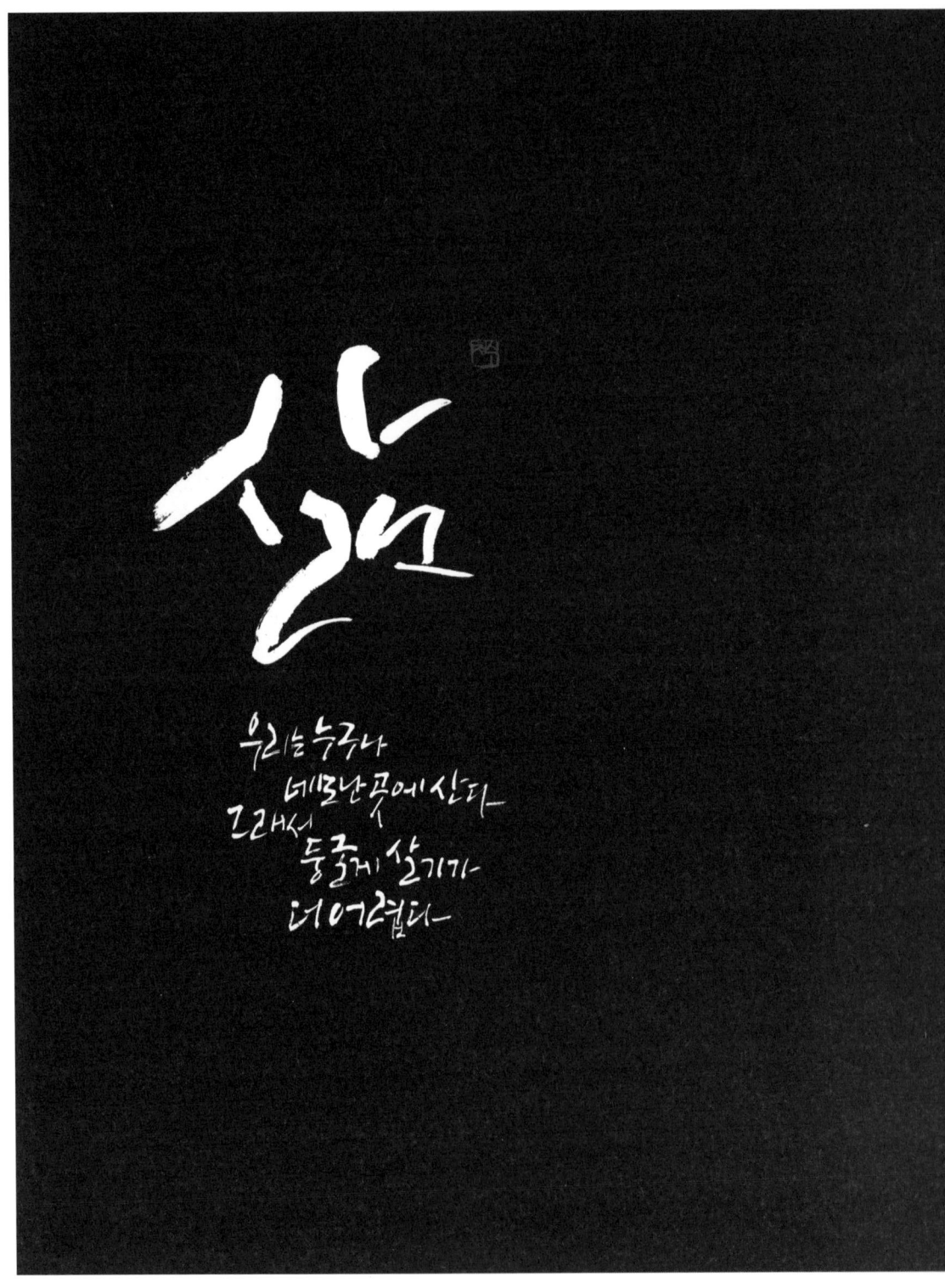

우리 사람의
일이란도
사람이 마음대로
하지는 못하는
법이다

배추를 세려할때 쓰는 말
포기

오래오래

사세요 사랑해 건강해 피어라
간직해 웃어요 함께해 잊지마
기억해 행복해 지켜줘 남기다

사랑은
느낌이다

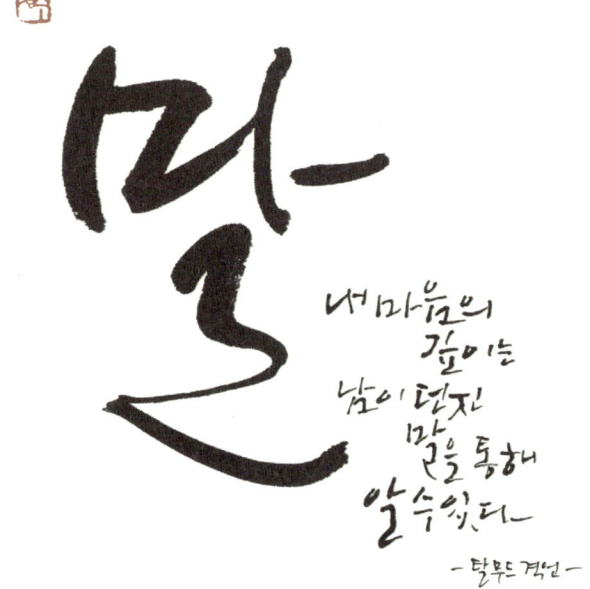

말
내 마음의 깊이는
남이 던진
말을 통해
알 수 있다
— 탈무드 격언 —

멀리 가려거든
함께 가야
한다

동행

자린고비 이야기가 있다.
절여 말린 굴비를 천정에 달아 놓고
밥 한 번 먹고 굴비 한 번 쳐다보고
또 한 번 먹고 굴비 한 번 쳐다보고
그런데 몰래 두 번 쳐다 봤다가
혼났다는 이야기.

어린시절 명절 때나 먹을 수 있었던 생선이
바로 고등어다.
소금에 얼마나 절였던지
고등어 한마리면 온 식구가 먹고도
개들까지 남은 생선가시로 포식했다.

미술대학에 다니는 큰딸이 도마에 그린 그림이다.
도마와 너무 잘 어울리는 고등어.

"엄마! 오늘 저녁 고등어 구이 먹고 싶어."

엄마와 고등어

색안경을 쓰고
세상을 보면
모두 어둡다

미소한 사람을
좋고 싫고를 따지지만
성숙한 사람은
오랑과 그름을
선택한다

성숙

3일 걸려 그린 그림을
파는데 3년 걸리지만
3년 걸려 그린 그림을
파는데 3일 걸린다―

작은 배려

사과를 깎을 때
먼저 칼로 한 번
'탁' 치는 이유는
주사 놓을 때
손으로
엉덩이를
'탁' 치는 이유와 같다.
놀라지 말라는
상대에 대한 작은 배려다.

당근의 쓰임말은 다양하다

건강에 좋은 채소 '당근'
남을 긴장 시키고 격려하는
　　　　　'채찍과 당근'
일이 잘돼 기분 좋을 때 '당근이지'
올해는 '당근이지'가
　　입에서 떨어지지 않았으면 좋겠다
그야~ 물론 '당근이죵'
쭉, 가는거이 아주 쭉~~~

당근이야

- **감좋다** 132 | 133
- **만사형통** 134
- **말의 온도** 135
- **행복** 136
- **자신감** 137
- **그리움** 138 | 139
- **쉼** 140
- **새 날** 141
- **프로** 142
- **하늘로 보낸 편지** 143
- **시간** 144 | 145
- **명상** 146
- **붕어빵** 147
- **엿** 148
- **돌봄** 149
- **한 걸음** 150 | 151
- **종** 152
- **초심** 153
- **상처** 154 | 155
- **꿈** 156
- **나눔** 157
- **빈 방있어요** 158 | 159
- **대화가 필요해** 160
- **안아 주세요** 161
- **보금자리** 162 | 163
- **우리** 164
- **위기** 165
- **하늘금** 166 | 167
- **인생의 길이** 168
- **행동** 169

거울
송골씨 나에게 나를 묻다

새해를
맞이하는
가을이
좋다

손글씨담긴이야기 — 겨울 · 감좋다

만사형통
하늘일세다

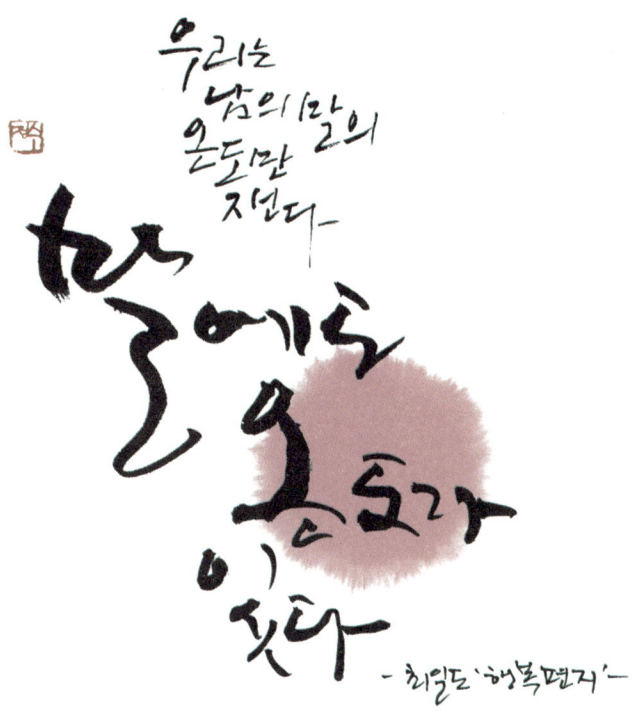

우리는
남의 말의
온도만 잰다~
꽃에도
온도가
있다
- 최일도 '행복편지' -

행복

마음먹은 만큼
행복합니다

자신감

승자는 눈을 밟아 길을 만들고
패자는 눈 녹기만 기다린다-

- 디아스포라 -

그리움

외로움은
누군가 채워줄 수 있지만
그리움은 꼭
그 사람이 아니면
안된다

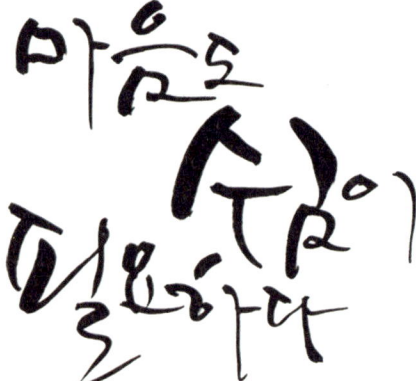

마음도 쉼이 필요하다

새날
내빛으로 살길을 여는 첫날

손글씨 담긴 이야기 | 겨울 · 새날

원이아버지에게

당신이 언제나 나에게 둘이
머리 희어지도록
살다가 함께 죽자 하셨지요
함께 누우면 언제나
나는 당신에게 말하곤 했지요
나는 당신과 마음을 어떻게 가져왔고
당신은 내에게 마음을 어찌 가져왔었나요
여보 다른 사람들도 우리처럼
서로 어여삐 여기고 사랑할까요
내 뱃속의 자식을 낳으면
보고 말할 것이 있다 해놓고
그렇게 가신 당신
자식을 낳으면
누굴 아버지라 하라는 건가요

벗을편 수천초하루
당신의 아내

경북 안동, 어느 옛 무덤에서 400년 지나 이제 발견된
어느 미망인의 애절한 편지를 손글씨로 옮겼습니다.
신발은 그의 유품입니다.

[출처] 내 마음이 그지없어 저승으로 부친 편지 | 작성자 햇무리

시간이
부자인
사람은
어리석은
자다

명상은
하늘로의 유영을
조용히 즐기는 것

붕어빵

갓구웠을땐
좋아라하지만
식었을땐
나몰라라 한다
연인도
이와같다

아주 어렸을 적
엿이 너무 먹고 싶어
참기름병의 기름을
길거리에
줄줄 다 버리고
엿으로 바꿔 먹은 적이 있다.
그리고 그날 밤
하늘이 노랄 때까지
맞았다.

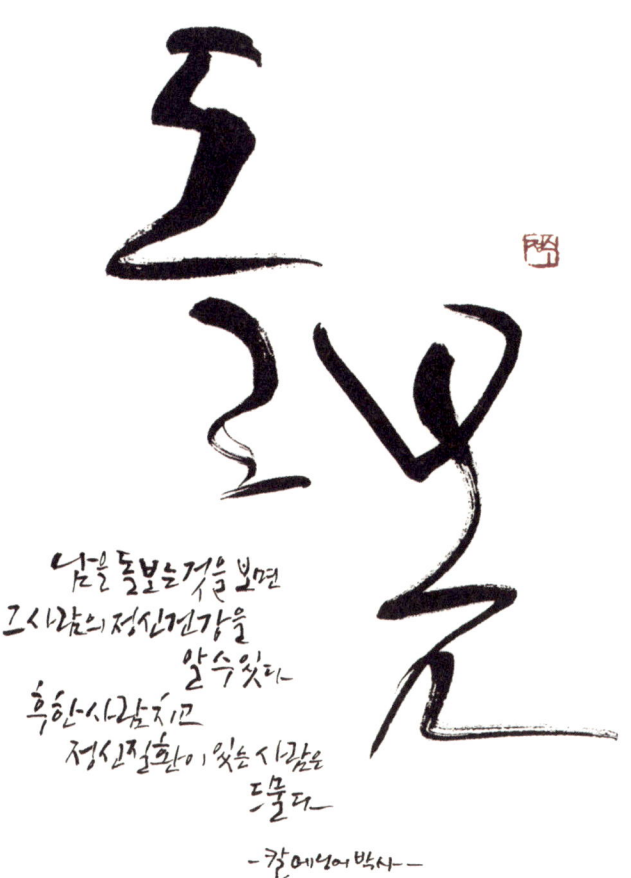

한걸음
떨어져서
생각하고

한걸음 다가서서 사랑하자

종소리가
멀리 들리는 까닭은
속이 비어 있기 때문이다

― 법목 법각 ―

초심

앞으로만
다짐하는
초심은
고기가
아무리 하늘에
닿는다해도
소용읎다

마음의 상처는
그를 용서해야
치료된다

손글씨 담긴 이야기 ― 겨울 · 꿈

156

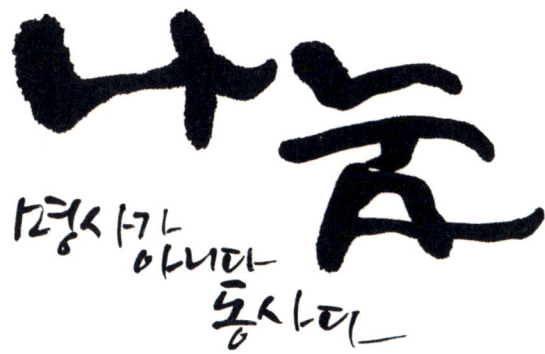

미국의 연극 공연장에서 난리가 났다.
악역을 맡은 연기자가 공연중 관중들로부터
구타를 당해 병원으로 실려 갔다.
이유가 착한 주인공을 원작보다
너무 많이 모욕을 했다고..
나중에 그 사실을 안 연기자는 신문에 감사 광고를 냈다.
'나의 연기를 인정해 준 관객들께 감사 한다며'

어린시절 성탄절 성극을 보며 온 교인이 눈물 바다가 된적이 있다.
시골 교회에서 성극을 하면서 요셉과 마리아 역은 선정 했는데,
여관집 주인을 맡을 사람이 없어 고민을 하다가
지적 능력이 다소 부족한 '철수'로 배역을 어렵게 결정 했다.
철수의 대사는 냉정하게 단 한 마디 '빈 방 없어요.'
출산이 임박한 요셉과 마리아가 예루살렘을 온통 뒤지며 빈방을 찾다
마지막으로 철수의 여인숙까지 오게 되고..
'아내의 출산이 급하니 허름한 방이라도 잠시 쉴 수만 있게 해주세요.'
애원하는 요셉과 마리아를 측은히 지켜보던 철수는 그만 눈물을 뚝뚝 흘리서
각본과 반대로' 빈방 있어요 들어 오세요.'

연극은 엉망이 되고
친구들로 부터 손가락질을 받던 철수는
'나는 거짓말을 할 수 없어요.'라며 무대를 박차고 뛰쳐 나간다는
가슴 찡한 성극이야기

나도 연기자 였다면,
탁월한 연기력 때문에 집단 구타를 당한 악역 연기자가 되기 보다,
'빈 방 있어요.'라고 눈물을 흘리며 연극을 망친
철수이고 싶다.

반밤이 상어요

대화가
필요해

부부의
하루 대화시간은
평균 15분
우울증 80%는
대화부족에서
온다

안아주세요 hugs

화초 농장을 하는 분이
계시다.
그 농장에는
늘 클레식 음악을
틀어놓았다.
꽃들이 음악을 좋아하기
때문이란다.

겨울에는
봄노래를 들어 주고
따스한 마음으로
매만져준단다.
그러면,
꽃들도 따스한 손길에
봄인 줄 알고
꽃망울을 빨리
터뜨린단다.

손글씨 담긴 이야기 · 겨울 · 안아주세요

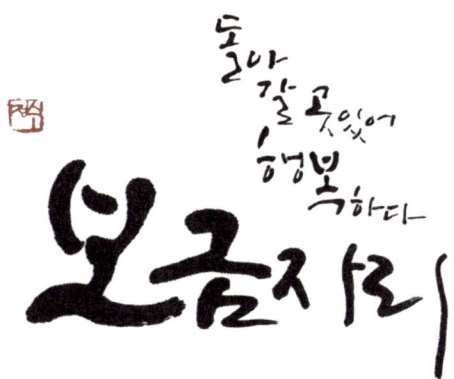

돌아 갈 곳 있어
행복하다
보금자리

위기는
위험과 기회의
줄임말이다
숨이 멎을 것 같은
위험 속에서도
기회가 있다는 말이다

위기

하늘궁

하늘나라는
멀리 있지 않다_
우리가
매일 오르는
산 끝에 있다_

외로운자는
밤이길고
무지한자는
인생이길다

손글씨 담긴 이야기 ― 겨울 · 인생의 길이

행동

행동을
보이면
말이
필요없다—

- **딸** 172 | 173
- **평가** 174
- **한계** 175
- **나** 176
- **꿈** 177
- **만남** 178 | 179
- **내일** 180
- **탓** 181
- **젓가락** 182
- **자신감** 183
- **욕심** 184 | 185
- **비움** 186
- **깨달음** 187
- **근심** 188
- **한민족** 189
- **내 자녀는** 190 | 191
- **승자** 192

- **실패** 193
- **입** 194
- **만년필** 195
- **사랑** 196 | 197
- **묘비** 198
- **불효자** 199
- **사랑** 200
- **해결** 201
- **끌리다** 202 | 203
- **용기** 204
- **송장** 205
- **죽어라** 206
- **참모습** 207
- **지나침** 208
- **중년** 209
- **명품** 210
- **어머니** 211

손글씨 또다른 시작이다~
그리고 봄

손글씨 담긴 이야기 ― 그리고 봄·딸

"성연아!
엄마,아빠는 성연이가 그림을 잘 그려 매우 기쁘단다.
모든 일에 열심을 다해
훌륭한 사람이 되길 바란다."

딸이 다섯 살 때 그린 그림이다.
그애는 지금 홍익대 대학원을 다니고 있으며
지금 나와 함께
책을 만들고 있다.
나는 글씨를 쓰고 그애는 그림을 그리고.

액자는 지금도
그의 방에 걸려 있다.

평가

우리는
자신의 미래
부인을 평가하지만
남들은
그 사람의 과거로
그 사람을
평가한다

—클라우제비츠—

나를 찾으려면 나를 버려야 한다

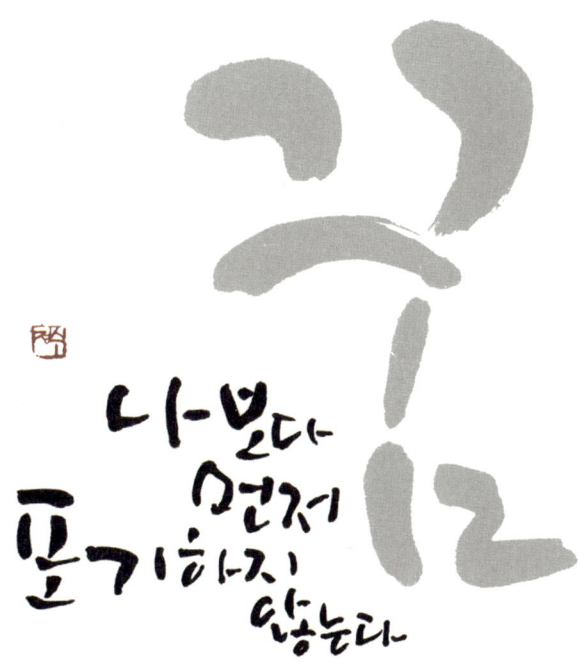

손글씨 담긴 이야기 · 그리고 봄 · 만남

알이
　스스로 깨면
　　생명이
　　　되지만
　남이 깨면
　　요리감이 된다
　'내 일'을 하라
　　그리고
　'내 일'이 이끄는
　　삶을 살라

— 김난도 '아프니까 청춘이다' 中에서 —

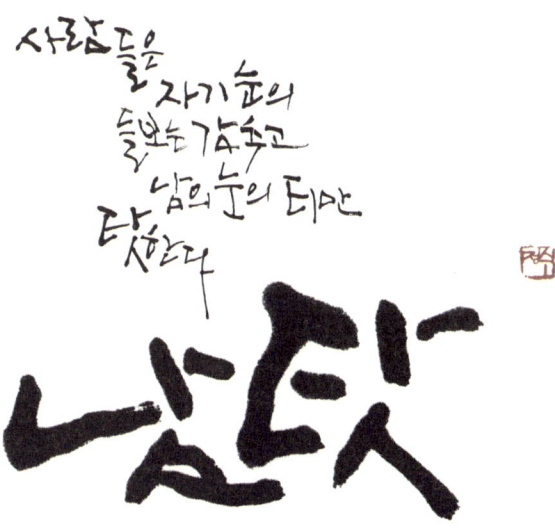

사람들은
자기 눈의
들보는 감추고
남의 눈의 티만
탓한다

남탓

젓가락은 부부와 같다
서로 같은 곳을 바라보고
함께 있으며 혼자나 일하지만
짝을 잃경 면
힘을 잃고
아무일도 하지못하고
슬프면 한다

Pride

자존심 보다 자신감이 강한 사람

인간의 욕심은
한도 끝도 없다

옥상

몸속을 얼마나 깨끗이 비우느냐가 건강하게 사는 비법이듯 마음을 얼마나 깨끗이 비우느냐가 사람답게 사는 지혜다

비움

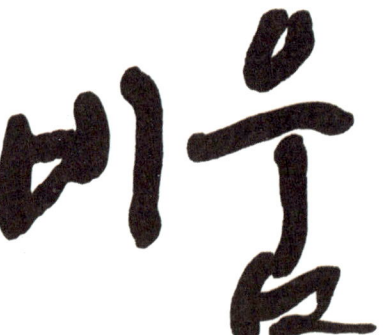

알수록
필요한 것은 적어진다

- 오스트레일리아 속담 -

근심은 시원을 거치지 않고 백발을 만든다

영국속담

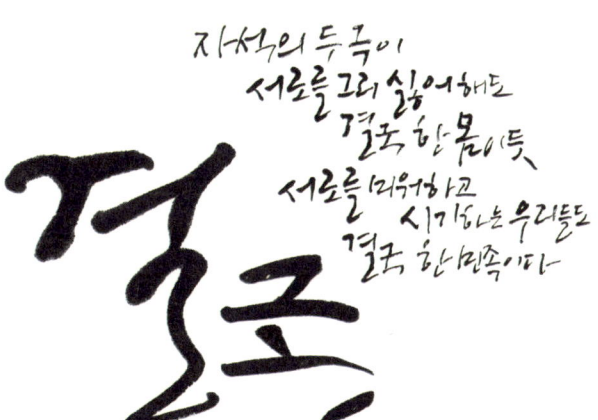

오주여
내 아이는 이런 사람이 되게 하소서
약할때 자신을 분별할 수 있는 힘과
두려울때 자신을 잃지 않는 용기를 주소서
정직한 패배 앞에 당당하고 태연하며
승리의 때에 겸손하고
온유한 사람이 되게 하소서
남을 다스리기 전에 먼저 자신을 다스리는 사람
웃을줄 알면서 우는 법을 결코 잊지 않는 사람
미래를 향해 전진하면서
과거를 잊지 않는 사람이 되게 하소서

— 맥아더장군의 기도문 中에서—

내
자녀는
자신감이 있되
겸손하게
하소서

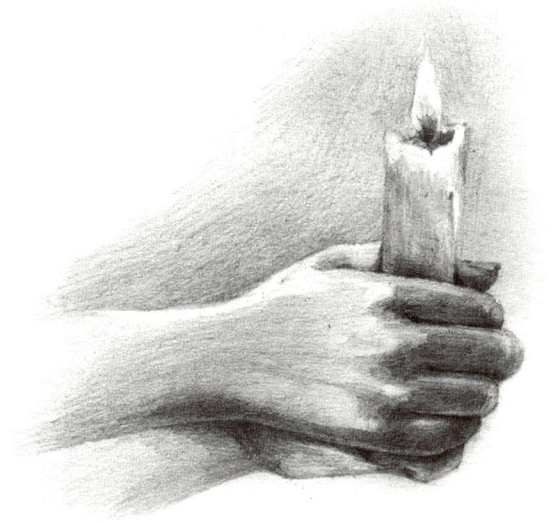

승자

승자는
넘어지면
일어나 앞을 보고

패자는
넘어지면
일어나 뒤를 본다

-유대경전-

아홉번
실패했다면
아홉번
노력한것이다
-t빛,속달-

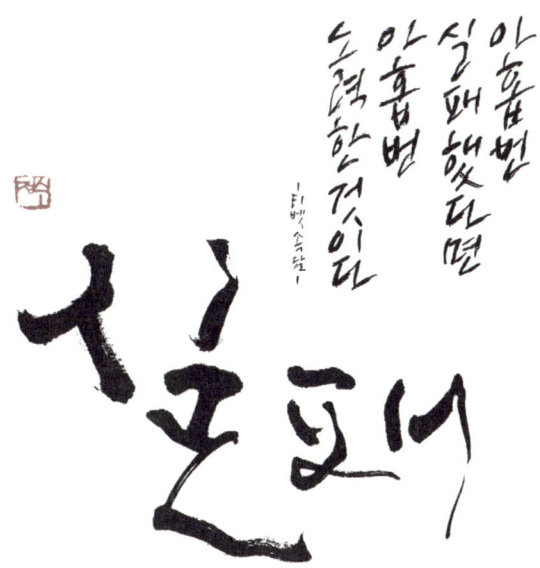

만년필

만년필을
잃어 버렸다
둘러보니
동료들이 모두
범인 같았다.
며칠후
가방속에서
우연히 찾고나니
만나는 동료들이
모두
선량으로만
보였다.

끝낼 수 없지 않은 사랑은
진정한
사랑이 아니다~

손글씨 담긴 이야기 ― 그리고 봄 · 사랑

197

내인생
우물쭈물
이렇게 살다
끝날줄
알았다

-조지버나드쇼의묘비-

살아생전
맘 다하지 않고서
이제와 불효자라
가슴치네

불효자

해결

해결될
문제라면
걱정할 필요없고
해결 안 될
문제라면
걱정해도
소용없다

– 티벳속담 –

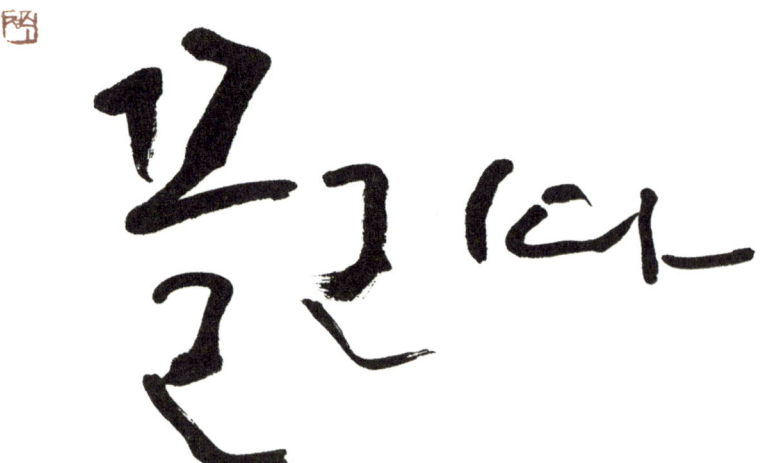

누가 보이죠 끌리는
 사람이 있다면
그의 마음이 보이기
 때문이지

용기가 없다면
만족도 없다

뽐장

우리는
'장'을 무척이나 좋아한다.

초등학교 땐 '반장'

학부모들은 '상장'

회사에서는 '사장'

군대가면 '병장, 대장'

여성들은 '치장'

명품 보면 '환장'

중년 남성의 로망 '별장'

마지막에는 '송장'

그리고
말없이 '화장'

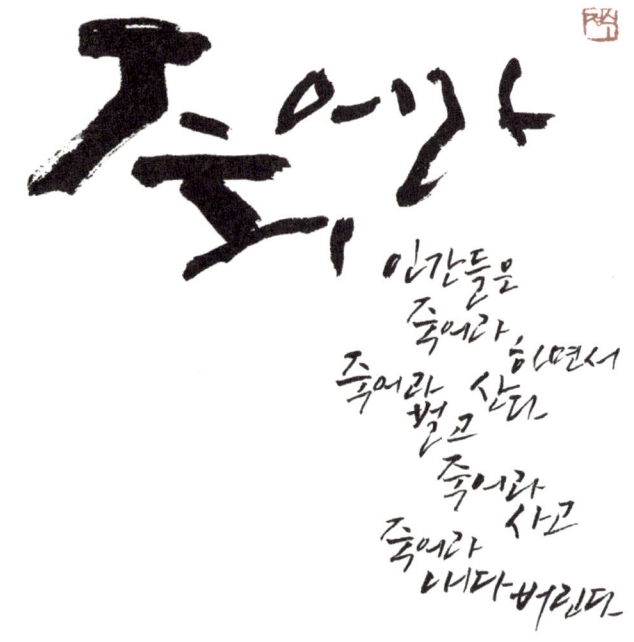

항아리
속에서는
항아리의
모습을 모른다

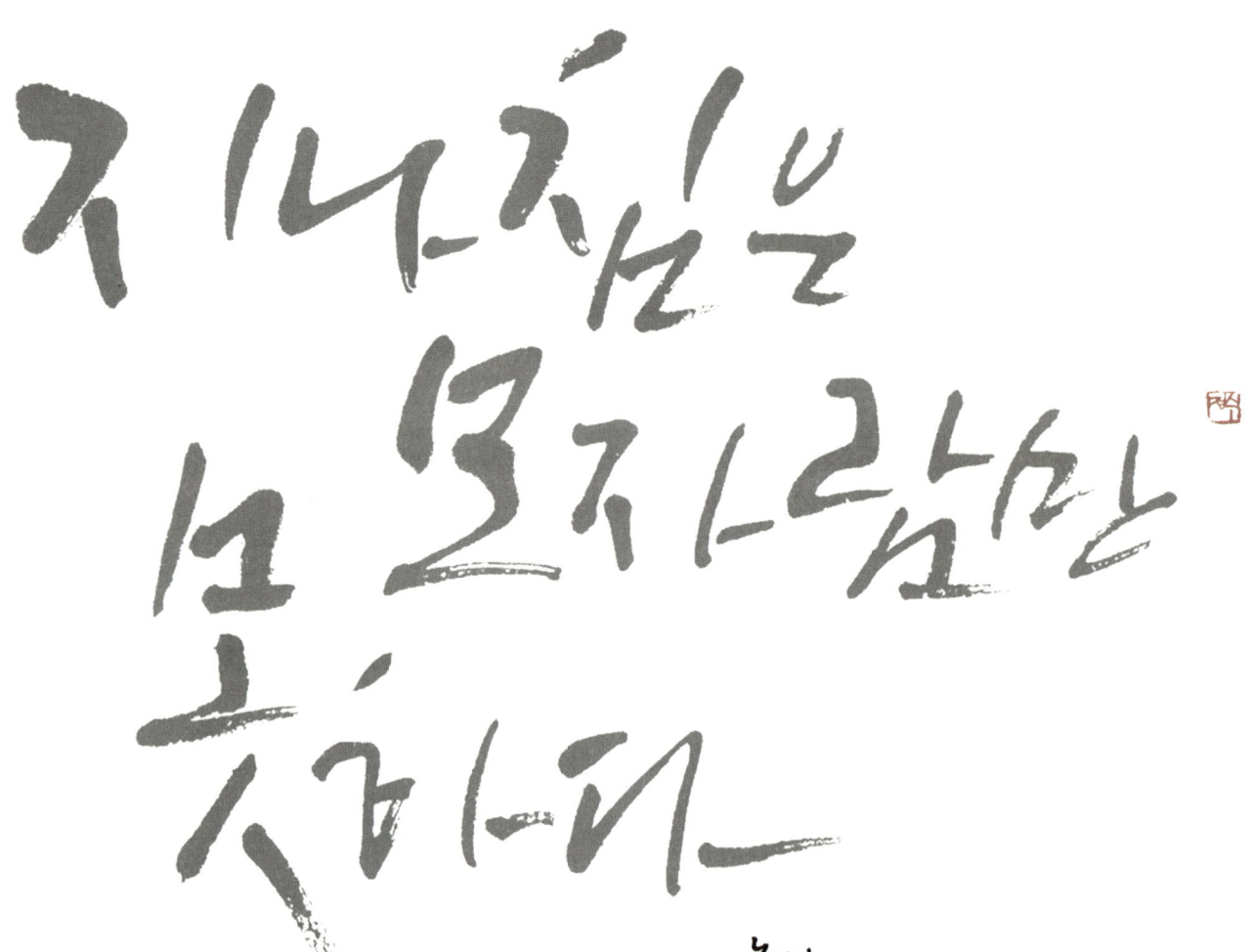

중년

'옛날엔 안 그랬는데......'
잔소리 늘어놓고
'젊음아 돌아 오라'며
얼굴 떡칠하고

'내 건강 내가 지킨다'며
눈에 띄는 약은 죄다 먹고
'아깝다'며
남는 밥, 반찬 다 입에 털어 넣고
'남는게 시간이다'고
남 일 내 일처럼 참견하고

'나이가 무기'라고 함부로 행동하는
중년이 중성이 되는 일은
하지 맙시다.

연륜이 쌓일수록
세월의 깊은 향을 내는
품격있는 중년이 됩시다.

호박에 줄만 그었다고
수박이 되는 것이 아니 듯
고무신에 로고만 그린다고
명품이 되는 것은 아니다.

진정한 명품은
외모에 있지 않고
진실된 마음속에 있다.

어머니
시계는
기다려주지
않는다

Calligraphy_ 임정수

http://blog.daum.net/limsoo1999
http://blog.naver.com/limsoo199
limsoo1999@hanmail.net / limsoo199@naver.com

발행일 _ 2013년 12월 02일 초판 1쇄
지은이 _ 임정수
펴낸곳 _ 한스하우스

구 성 _ 정선숙
사 진 _ 최성오
편 집 _ 김희환
인 쇄 _ 한흥수

등 록 _ 2000년 3월 3일(제2-3033호)
주 소 _ 서울시 중구 오장동 69-7
전 화 _ 02-2275-1600
팩 스 _ 02-2275-1601
이메일 _ hhs6186@naver.com

값 23,000원
ISBN 978-89-92440-10-3

잘못 만들어진 책은 교환해 드립니다.
이 책을 무단 복사, 복제 전재하는 것은 저작권법에 저촉됩니다.